Bezons.

Discours.

(1666)

LK 14/104

DISCOVRS
DE MONSIEVR DE BEZONS,
Intendant de la Prouince de Languedoc, prononcé à l'ouuerture des Eſtats à Carcaſſonne, le 29. Nouembre 1666.

L'ANTIQVITE' fabuleuſe nous repreſente ſouuent les Dieux irritez contre ceux qui troubloient les Ieux & les Feſtes inſtituées à leur honneur, par des objets de triſteſſe & d'affliction; & elle croyoit qu'il n'eſtoit pas permis aux particuliers de faire eſclater leur douleur lors que les Villes & les Prouinces eſtoient dans vne allegreſſe publique : & l'Hiſtoire meſme nous fait voir le meurtre de Camile impuny, comme ſi elle euſt commis vn crime de verſer des pleurs pour la mort de Curiace en vn jour deſtiné au triomphe & à la liberté de Rome.

Ie ſçay que l'on ne peut aſſez bien conceuoir quelle eſt la joye du Languedoc lors de l'ouuerture de ſes Eſtats. Ie ſçay, MESSIEVRS, que les peuples, dont vous repreſentez les intereſts, regardent comme vn grand bonheur cette journée qui affermit vos Priuileges, & en laquelle le Roy vous donne de nouuelles marques de la continuation de ſa bonté ; & apres les aſſeurances que vous venez d'en receuoir par ſon Alteſſe, perſonne ne peut douter que voſtre felicité ne ſoit entiere : Mais permettez, MESSIEVRS, que je ſuſpende pour vn

A

moment voſtre joye, & que je faſſe reflexion ſur la perte que vous fiſtes il n'y a pas long-temps de voſtre illuſtre Gouuerneur, qui conſacra les derniers momens de ſa vie pour voſtre repos. Permettez, dis-je, que dans la connoiſſance particuliere que j'auois de ſes vertus, qui eſgaloient la grandeur de ſa naiſſance, de ſon attachement au ſeruice du Roy, & de ſon affection pour cette Prouince, je donne des marques de gratitude enuers vn Prince qui m'auoit honoré de ſa bienveillance. Et il eſt juſte, qu'apres auoir eu ſi long-temps cét aduantage de ſeruir le Roy ſous ſes ordres, & eſté teſmoin de ſa conduite dans les Armées, & dans le Languedoc, je publie ma reconnoiſſance dans le meſme lieu où vous auez ſi ſouuent receu des preuues de ſa bonté. Ie n'entreprens pas pour cela de faire ſon Eloge en cette Aſſemblée, le temps & les circonſtances de cette ceremonie ne le permettent pas. Et d'ailleurs je n'ay pas aſſez de force pour ſatisfaire à la dignité de ce ſujet, que deux Prelats d'vn merite ſingulier ont traitté auec tant de pieté & d'eloquence; Il me ſuffit, par ce peu de paroles, d'auoir rappellé la memoire des bienfaits que vous auez receus de luy, qui ſans doute ne ſont pas effacez de vos eſprits; & bien qu'apres ſa mort vous ayez donné des marques publiques de voſtre dueil auec toute la magnificence poſſible, ce deuoir acquitté n'empeſche pas que vous ne conſeruiez eternellement des ſentimens de gratitude pour tant de bienfaits.

Mais puiſque les meſmes Loix, qui permettent d'honorer la memoire des Heros, vouloient que ce dueil finiſt lors que l'on faiſoit des ſacrifices publics pour le ſalut du Prince, ou pour le bien de l'Eſtat, il eſt juſte que la douleur nous rende la voix qu'elle nous auoit oſtée, pour vous faire connoiſtre qu'apres la perte de feu M. le Prince de Conty, le Roy ne pouuoit pas vous donner

vne marque plus senfible de l'honneur de sa bienveillance, qu'en choisissant vn Prince pour vous gouuerner,
qui doit sa naissance à Henry IV. & de qui toutes les
actions ont respondu à la grandeur de son origine. A ce
nom de Henry IV. toutes les vertus que possedoit ce
grand Prince viennent en foule deuant les yeux; Vous
conceuez d'abord la liberalité, la magnificence, l'appuy
de la Iustice, le soustien de l'Eglise, la protection de la
Noblesse, les delices & l'amour des peuples : Et dans cét
abregé j'ay fait le portrait de Monseigneur le Duc de
Verneüil, que sa modestie m'auroit empesché de vous
representer. Aussi apres vn si digne choix, toutes les
craintes que vous auiez conceuës, que la perte que vous
veniez de faire ne fust dommageable à la Prouince,
sont éuanoüies; vos apprehensions sont dissipées: & lors
que vous croyiez que le Languedoc fust priué de l'esprit
qui l'animoit, vous le trouuez doüé d'vne nouuelle intelligence qui a le mesme zele pour le seruice du Roy,
& vn esgal attachement pour vous procurer tous les aduantages possibles.

La mort des corps naturels arriue par vne fatalité
sans remede. Les mieux organisez deuiennent en vn
moment vn objet d'horreur & d'auersion, & l'on ne
peut rien apres le deceds de l'homme le plus illustre, que
d'honorer sa vertu, & verser des larmes inutiles sur son
tombeau. Il n'en est pas de mesme des corps politiques,
dont le sort & la fortune sont sans comparaison plus
heureux, puisque dans le moment qu'ils se trouuent
priuez de l'esprit qui les animoit, ils reçoiuent par les
bienfaits de cette ame vniuerselle de l'Estat, à qui nous
deuons nostre conduite & nos mouuemens; Ils reçoiuent, dis-je, vn nouuel esprit qui, participant de la nature de celuy que Dieu a commis à la conduite des peuples, repare toutes les pertes, & met ces corps en estat

de fouftenir leur conduite auec la mefme vigueur qu'ils faifoient auparauant.

 Il n'y a rien de fi diuerfement contefté parmy tous les Philofophes, que la liaifon & l'harmonie de toutes chofes creées; & dans l'incertitude de tant de diuerfes opinions, ceux qui ont attribué cette conduite au hazard, ont donné pluftoft des marques de leur doute, qu'eftably les fondemens de leur croyance & de leur opinion. Auffi parmy ces differens fentimens, je n'en trouue point de plus raifonnable, ny de mieux fondé par les pures lumieres de la raifon, que de ceux qui ont crû le monde animé, & qui ont penfé que cette intelligence, ou efprit vniuerfel, fuft le principe de toutes chofes, comme l'ame dans le corps humain l'eft de toutes les fonctions. Cette opinion rectifiée par des lumieres plus folides que celles de la raifon, fait aduoüer que ce premier Eftre, ou cette Prouidence gouuernant le monde, fe fert des creatures pour fa conduite, & qu'elle les efleue à vne dignité fublime pour les rendre capables de ces operations extraordinaires. Toute cette œconomie fe trouuant partagée entre la Nature & la Politique, il paroift que cette Prouidence a mis fon tabernacle dans le Soleil, pour parler aux termes de l'Efcriture, & graué fur les Roys l'image de fa diuinité, afin que comme cét Aftre au milieu du monde infpire la vie naturelle & le mouuement de toutes chofes, & qu'il eft le pere de tout ce qui eft engendré, de mefme les Roys fuffent la fource de toutes fortes de Gouuernemens, & l'efprit vniuerfel de l'Empire qui leur eft commis. En vn mot cette Prouidence a voulu que les Roys fuffent l'ame des corps politiques, comme le Soleil l'eft des elementaires. Difons plus, pour rendre cette comparaifon plus fenfible par noftre propre experience, Que les Roys font à l'efgard des peuples

&

& des Prouinces, ce que nos ames font à l'efgard de nous-mefmes. Et pour fuiure cette penſée, fans nous efloigner de noſtre fujet, qui connoiſtroit parfaitement la dignité de l'ame, s'eſtonneroit qu'vne fubſtance ſi noble, & d'vn ordre ſi eſleué, qui participe pluſtoſt des choſes diuines que des humaines, s'abaiſſe neantmoins ſi fort à la conduite du corps qui luy fert de priſon, qu'elle entre dans tous ſes intereſts, qu'elle ſouffre auec luy, qu'elle compatit à ſes infirmitez, & ſe ſert des ſens, quoy que groſſiers, pour la connoiſſance des choſes. Cependant il eſt vray que cette ame peut connoiſtre par elle-meſme, & qu'elle peut faire ſes operations par la voye de l'intelligence : Telle eſt la conduite de noſtre Prince à l'efgard de ſon Eſtat : tels ſont ſes ſentimens pour la felicité de ſon Royaume; & telle eſt ſon application pour le bonheur du Languedoc, auquel il donne des marques d'vne bienveillance ſinguliere, lors que renfermant tous ſes ſoins à l'aduantage du peuple, il donne aux Loix vne nouuelle vigueur; Il inſpire de nouuelles forces à la Iuſtice; Il rend à l'Egliſe ſa premiere ſplendeur par le choix des Prelats dignes d'eſtre ſucceſſeurs des Apoſtres; Il regarde la Nobleſſe comme l'appuy de ſon Eſtat; & il cherche les moyens de porter parmy vous l'abondance & la felicité. Mais quelque attachement que l'ame ait pour le corps, elle ne perd pas pour cela la dignité ny l'excellence de ſon origine. La plus noble partie d'elle-meſme demeure tousjours attachée au principe d'où elle eſt partie, & c'eſt là la ſource de ces connoiſſances vniuerſelles qui nous font conceuoir des choſes en apparence, ſi fort au deſſus de nous-meſmes. Ainſi lors que les Roys s'eſleuant au delà de la conduite de leurs Eſtats, enuiſagent le caractere de la diuinité qu'ils ſouſtiennent; ils portent leurs connoiſſances, non pas au ſeul Empire où ils commandent, mais au bon-heur de tout le monde. Ils donnent des loix pour l'aduenir, afin de gouuerner les peuples lors mesme que le Ciel les aura dérobez à la terre. Ils sont les Arbitres de leurs voisins; parce que Dieu leur a confié cette justice qui donne des bornes aux Empires comme il en a donné à la mer. Ils conseruent les heritages & les successions qui leur appartiennent, sans enuahir par de mauuaises voyes le bien d'autruy; figure admirable de l'excellence & de la sublimité de la conduite de nostre Prince, lors que nous le voyons appuyer ses Alliez, s'opposer aux entreprises de ceux qui en veulent à la liberté publique; & par là il semble que Dieu ne luy ait pas seulement confié le gouuernement de son Estat, mais qu'il ait departy liberalement sur luy toutes ces vertus differentes & si opposées, la Valeur & la Moderation, la Force & la Retenuë, le Pouuoir & la Iustice, afin qu'il fust tout ensemble & le Roy des François, & l'Arbitre du monde.

Vos Priuileges, MESSIEVRS, ont-ils jamais esté plus asseurez que lors que rien ne s'est opposé à la puissance de nostre Prince? Quel titre en auez-vous plus glorieux que la confirmation qu'il vous en donna lors que tout luy estoit soûmis? Et quelle marque nouuelle vous accorde-t-il de sa bienveillance, lors que par la bouche de son Altesse, ce Roy qui pourroit commander à toute la terre, vous demande des marques de vostre zele à son seruice, & la continuation de vostre fidelité.

Que si pour la conclusion de mon discours, il estoit necessaire de vous exciter à ce deuoir, il ne faudroit que vous rappeller vous-mesmes, & vous faire souuenir de cette conduite esgale que vous auez tenuë, qui ne s'est jamais esloignée de vostre deuoir. Et comme l'on n'en peut pas douter, aussi pouuez-vous estre asseurez de receuoir tousjours de nouuelles graces de fa Majefté. Et apres, Messievrs, auoir eu cét honneur d'eftre depuis fi long-temps tefmoin de ces veritez, je m'eftimerois bien-heureux, dans l'execution des ordres du Roy fous ceux de fon Alteffe, fi je pouuois eftre l'inftrument propre à conferuer cette intelligence, cette harmonie du commandement raifonnable, & d'vne entiere obeïffance, & vous donner par mes actions des preuues de ma reconnoiffance enuers voftre Prouince, & à cette Compagnie, pour qui j'ay tant de refpect en general & en particulier.

DISCOVRS
DE MONSIEVR DE BEZONS,
Intendant de la Prouince de Languedoc, sur la demande du Don gratuit, prononcé le 22. Decembre 1666.

IL y a, sans doute, lieu de s'estonner que l'esprit humain, qui est capable de tant de connoissances & de lumieres, s'applique si fort aux choses du dehors, & qu'il neglige celles qui sont autour de luy; Qu'il trauaille auec soin à deuenir plus sçauant, & non pas plus vertueux. Nous estudions la connoissance des Histoires anciennes, & cherchons de sçauoir ce qui s'est passé dans des siecles qui n'ont nul rapport auec nos mœurs & nostre conduite. Nous nous enquerons de la maniere de viure des peuples que la Nature a separé de nous par de si longs espaces, que nous ne pouuons jamais y auoir aucune communication; Et enfin nous cherchons auec exactitude les mouuemens des Astres, & à former vn nouueau sistheme du monde, mais nous ne considerons point nos obligations, & ce que nous deuons chacun dans la condition dans laquelle nous sommes establis. Ce desordre est la source de la corruption des mœurs dans la Religion; de la reuolte dans les Estats; de la licence dans les Villes, & de la mes-intelligence dans les familles particulieres; parce qu'on croit que l'homme estant nay pour la societé ciuile, il n'a point besoin d'estude pour faire son deuoir, & que les seuls mouuemens de la Nature l'y conduisent.

Il est vray qu'il estoit tel dans son origine ; mais depuis que les passions eurent occupé la place des vertus, il a perdu cét empire qu'il auoit sur la Nature & sur luy-mesme. Il est deuenu jaloux, enuieux, amateur de sa propre opinion, défiant. Si bien que lors que nous voyons quelque Societé formée, quelque Ville fondée, & vne Republique establie, nous pouuons dire que la necessité les a assemblez, & non pas l'inclination, & que cette intelligence ne s'entretient que par la Loy ciuile, sans laquelle tous ceux qui composent cette Societé voudroient establir vne esgalité ruïneuse : tellement que c'est par la Loy que les vns commandent, & que les autres obeïssent. C'est par cette mesme Loy que les vns gouuernent, & les autres executent ; & cette harmonie fait la correspondance, & establit l'ordre qui prescrit à chacun son deuoir.

Les Roys, dans la souueraineté de leur puissance, ne laissent pas d'auoir leurs obligations ; ils doiuent defendre leurs Estats contre leurs ennemis ; procurer du repos à leurs sujets ; pouruoir à la seureté publique, & au bien general de leur Royaume. Les sujets doiuent l'obeïssance, les contributions, le payement des impost, & des subsides. Ainsi lors que le peuple de Dieu, sous la conduite d'Esdras, trauailloit au bastiment des murailles de Ierusalem, il tenoit l'espée d'vne main & la truelle de l'autre ; & cette main qui trauailloit ne refusoit pas la subsistance à celle qui tenoit l'espée pour la conseruer : puis qu'il est vray que c'est vne obligation inseparable de la qualité de sujet, de faire subsister l'Estat dans lequel on est nay.

Le Roy donc nous fait entrer aujourd'huy dans cette Assemblée pour vous demander vn Don gratuit, & vous connoiffez la neceffité d'en accorder vn confiderable pour fouftenir la guerre, pour proteger nos Alliez, & pour s'oppofer à l'entreprife de nos Ennemis & fecrets & declarez. Mais bien que perfonne ne doiue entrer dans les fecrets du Roy fans fon ordre, ne pourrons-nous pas neantmoins faire vne reflexion fur la qualité de cette guerre, & l'on connoiftra aifément que fa Majefté ne fonge pas à enuahir les Places de fes voifins, ny à eftendre les limites de fon Royaume au delà des heritages qui luy appartiennent legitimement? Dans toutes les guerres il y entre de l'intereft public, mais la gloire du Prince en fait fouuent la meilleure partie, & ces titres de Conquerans s'acquierent aux defpens du fang & de la vie de beaucoup d'hommes; mais celle-cy eft feulement pour le peuple. Il s'agit de bonifier le commerce, de rendre le trafic libre, de faire que vous puiffiez vous feruir des chofes que le Ciel vous donne auec abondance; vous paffer des Eftrangers, & porter mefme aux autres Nations le fruit de voftre trauail & de vos peines. C'eft pour cette liberté que fa Majefté fait tant de defpenfes, Qu'elle met en eftat vn fi grand nombre de Nauires, & que la Nobleffe & les perfonnes les plus qualifiées du Royaume courent auec empreffement aux perils, afin que le peuple puiffe viure auec abondance, & s'enrichir par le trafic. Ces biens ne font pas efloignez, puifque vous en voyez desja des effets par le reftabliffement des Manufactures, & des Arts perdus, qui floriffent de jour en jour auec plus de luftre qu'ils n'auoient jamais fait. Vous voyez des effets de cette puiffance fur Mer, par des ceffations d'hoftilité des Pirates d'Afrique; & ces Nations barbares qui n'auoient jamais fait de paix, que le Grand Seigneur mefme, quoy qu'ils foient fes fujets, n'auoit pû comprendre dans les Traitez d'alliance; Ces peuples, dis-je, au nom de noftre Monarque changent la ferocité de leur humeur, & ne veulent pas eftre les dernieres Nations du monde à refpecter fon Authorité. Ainfi le fameux Orphée appriuoifa des beftes incapables de difcipline. Ainfi l'Apollon de l'Antiquité donna des loix à des peuples qui n'en auoient jamais voulu receuoir.

Sa Majefté efpere, que pour fatisfaire à vos obligations, vous luy accorderez vn Don gratuit de deux millions quatre cents mille liures, payable en la Ville de Paris en douze payemens efgaux, de mois en mois, ainfi que les années precedentes.

Apres que le Roy a pourueu au foin qu'il doit à fon Eftat par la demande du Don gratuit, nous auons vne autre propofition à vous faire pour la plus illuftre entreprife qui puiffe eftre conceuë par aucun Monarque; Neantmoins lors que vous l'aurez examinée vous jugerez que fa Majefté, en cette occafion, n'agit pas par le deffein d'immortalifer fon Nom à la pofterité; la grandeur de fes vertus jette des fondemens plus folides de fa gloire qui fera immortelle : Mais ce que nous auons à vous demander eft vne marque de fon affection enuers cette Prouince, & les peuples qui la compofent; & la chofe eft fi vtile, qu'elle ne peut eftre refufée fans eftre ennemy du bien public, & de foy-mefme. Nous ne vous parlerons pas des aduantages que le Canal de la jonction des Mers apportera au Languedoc; & il feroit inutile, apres vous l'auoir expliqué l'année derniere, d'vfer de repetition. Et d'ailleurs quel jugement feroient les Nations eftrangeres de ceux qui compofent cette Affemblée, s'ils voyoient qu'il falluft les perfuader pour vne chofe fi defirée de tout le monde ? Ils croiroient que ceux à qui nous parlons manqueroient de connoiffance ou d'affection. Et comme vous auez, MESSIEVRS, parfaitement l'vn & l'autre, il fuffit de
dire

dire que l'entreprife en a efté projettée par Henry le Grand; Que les malheurs de la France en empefcherent l'execution: Que le Ciel l'a referuée à Louïs XIV. heritier de fes vertus & de fa conduite, auffi-bien que de fes Eftats: Qu'il a voulu, MONSEIGNEVR, que vous en fuffiez le principal appuy; Ainfi il fera vray de dire qu'apres plus d'vn demy fiecle Voftre Alteffe trauaille pour la gloire d'vn Roy dont la memoire ne doit jamais mourir dans le cœur des veritables François, & de tous les gens de bien, & à qui vous eftes redeuable de voftre naiffance.

Cét ouurage ayant efté propofé au Roy, fa Majefté a voulu que la poffibilité en fuft examinée par des Commiffaires de fa part, & des Eftats. La chofe a efté reconnuë faifable; Vous auez remercié fa Majefté de cette penfée; Vous en auez fait faire des plans & des deuis, & par les Experts qui ont efté nommez par vn commun confentement, la defpenfe a efté eftimée huict millions de liures. Tous ces memoires ont efté encore de nouueau, par ordre du Roy, communiquez aux perfonnes les plus intelligentes dans cette profeffion; & en fuite de leur aduis, l'adjudication en a efté faite à vn Entrepreneur, qui s'eft obligé de rendre l'ouurage parfait en huict années. Il eft mefme chargé d'indemnifer les particuliers du payement des terres qui leur feront prifes pour ce trauail; & fa Majefté eftime que vous ne refuferez pas de contribuer pour la moitié de cét ouurage, cinq cents mille liures pendant chacune des huict années, pour eftre employées à fa conftruction, fans pouuoir eftre diuerties ailleurs. Cette fomme, quoy que grande, n'eft pas confiderable fi elle eft comparée au bien qui en reuient à la Prouince, & à l'vtilité qu'en receuront les peuples; outre qu'elle fera entierement confommée dans le pays auec celle que fa Majefté donnera pour faire le payement de l'Entrepreneur. Et comme on trouueroit peut-estre de la difficulté à imposer les quatre millions que nous vous demandons, payables en huict années, le Roy a resolu de creer trois Collecteurs des Tailles, & trois Auditeurs en chaque Communauté, pour estre les deniers qui prouiendront de ces Edicts employez au payement des sommes que nous demandons à la Prouince pour la construction du Canal, & d'autant diminuées. Nous ferons remettre au Greffe ces Edicts de creation d'Offices, dont sa Majesté a voulu que la vente fust surcise jusques apres vos deliberations, afin qu'en ayant examiné l'vtilité, vous voyez s'il est plus aduantageux à la Prouince de payer par d'autres voyes cette somme.

La possibilité du Canal, & l'aduantage qui en doit reuenir, ne pouuant estre combattus par aucune raison solide, ceux qui veulent s'opposer à ce dessein formeront sans doute deux objections: l'vne, Que la somme que nous demandons est au dessus des forces de la Prouince; Et l'autre, Que les Estats estant assemblez pour les impositions de l'année 1667. ils ne peuuent pas consentir celle de plusieurs années, & engager leurs successeurs.

Pour la premiere, peut-on comparer auec justice, & sans preoccupation, l'argent que nous vous demandons auec l'aduantage qui vous reuiendra de la construction du Canal, dont le seul benefice excedera chaque année les sommes que nous vous demandons pour vne fois? Pour cela faites reflexion sur la despense du chariage de vos bleds, sur la facilité que vous trouuerez dans les voitures, vous verrez qu'outre le soulagement particulier de la Prouince, vous en ferez l'abord de toutes les marchandises estrangeres; à quoy si vous adjoustez que les Marchands trouueront dans vos Ports l'exemption des impositions qui se font à Marseille, soit à titre de debte du Commerce, des droits de Casse, de Droguerie & Espicerie, du curage du Port, & de la table de Mer, il sera aisé de connoistre que les Marchands chercheront auec empressement d'aborder dans vos costes, d'autant plus qu'ils trouueront facilité de faire conduire leurs bales jusques à Lyon par eau. Le Roy mesmes a establý vn Transit pour les marchandises qui passent de bout & qui vont aux Païs estrangers, & les a exemtées de la meilleure partie des droits de la Foraine, & la Ville de Lyon de la Doüane que le Roy luy a accordée ; si bien qu'il sera vray de dire, que tout ce qui viendra de la Mediterranée & de l'Ocean pour aller dans la Suisse & dans la haute Allemagne passera par le Languedoc, & l'on sçait qu'il n'y a point de profit plus solide dans le commerce que celuy des commissions. Ie souhaiterois que ce discours fust entendu par des gens de negoce, ils seroient persuadez des raisons que j'auance & m'en fourniroient peut-estre d'autres plus fortes pour appuyer mon discours. Combien de fois vos peres auroient-ils desiré que le Languedoc n'eust pas esté aussi si abondant qu'il l'est, qu'il eust esté moins fertile, & esprouuer vn climat moins doux, & qu'vne riuiere trauersant le milieu de vostre païs vous eust rendu la Prouince communicable pour recompenser toutes ces pertes? cependant il se trouue que sans diminuer aucun de vos aduantages, sa Majesté par ses soins paternels veut reparer par l'art ce defaut de la Nature ; & je suis en peine de sçauoir s'il se trouuera des gens assez subtils pour combatre vn dessein que vos Ancestres auroient acheté de la moitié de leur bien. Pouuez-vous aussi douter du pouuoir des Estats d'accorder vne somme payable en plusieurs années, pour vn ouurage necessaire, sans condemner ceux qui vous ont precedez, ou d'ignorance ou de preoccupation ? Quel pouuoir auoient ceux qui compoſoient les Eſtats en 1598. lors qu'ils reglerent le prix du ſel, & qu'ils conſentirent des cruës pour pluſieurs années? Quel pouuoir auoient-ils lors qu'en 1603. ils en conſentirent vne pour le baſtiment du Fort de Momorancette. En 1622. pour celuy de la Citadelle de Montpellier. En 1632. pour l'alienation de l'equiualent. En 1640. pour l'eſtabliſſement des eſtapes. En 1645. pour vn Don gratuit, payable en cinq années auec les intereſts, M. le Mareſchal du Pleſſis tenant les Eſtats comme Commiſſaire principal. En 1648. pour vne impoſition pendant huit années pour retirer le meſme equiualent qui auoit eſté aliené. En 1642. & en 1654. lors que vous donnaſtes cinq cents mille liures aux Engagiſtes de l'equiualent payables en pluſieurs années par forme de dedommagement? Quel pouuoir auoient les Eſtats de Bretagne lors qu'ils conſentirent l'alienation des impoſts & billots, & les Communautez de Prouence le doublement du prix du ſel? Il y a beaucoup d'autres exemples pareils qui eſchapent de noſtre memoire; & nous pouuons dire que lors que ces ſecours ont eſté donnez dans les neceſſitez de l'Eſtat, vous auez deſtaché des fonds de vos propres forces pour ſecourir d'autres Prouinces qui en auoient beſoin, & preſentement l'on demande que vous vous en ſeruiez pour voſtre propre vtilité, puiſque le Roy tire du ſecours des autres parties de ſon Eſtat pour vous procurer de la felicité.

Apres cela ſe trouuera-il quelqu'vn, qui ſous le nom du bien public, combatte vne ſi glorieuſe reſolution, & l'eſprit particulier, l'intereſt & l'amour propre preuaudront-ils par deſſus l'vtilité de l'Eſtat?

Lors que, ſelon le ſentiment de S. Paul, nous voulons connoiſtre les marques d'adoption dans les enfans

de

de Dieu, il faut que son esprit qui habite en nous dicte à nostre propre esprit la conduite qu'il doit tenir pour faire que la nature cede à la grace. Il en est de mesme dans la politique où nous ne connoissons jamais le veritable bien de l'Estat que lors que cette Loy qui reside souuerainement en la personne du Prince, & par participation en celle de ses Sujets, force nostre propre volonté à suiure le bien contre sa pente & son inclination. Tous ces discours de bien public ne sont bien souuent que des mots specieux pour autoriser nostre amour propre, qui consiste dans l'auarice où dans la bonne opinion que nous auons de nous mesmes, qui nous fait condemner tous les sentimens dont nous ne sommes pas les auteurs. C'est ce que le Prince des Philosophes Latins a voulu expliquer, lors qu'il a dit que l'air qui est sur la surface de la terre, estoit corrompu, parce qu'il n'auoit point de mouuement que celuy qui estoit formé par quelque vapeur grossiere, il n'y a que celuy qui estant plus esleué, est plus pur, parce qu'il reçoit son mouuement du Ciel ; & bien que les auantages que vous receuez soient vn peu esloignez, ils sont si assurez & si sensibles, qu'ils doiuent vous toucher comme s'ils estoient presents. La Langue sainte n'a point de futur, tout y est present parce qu'elle est la langue de Dieu, dont les promesses sont infaillibles. On s'estoit persuadé que le Roy ne tireroit pas de l'Espargne que les sommes necessaires pour l'entreprise du Cap de Cette; cependant l'ouurage du Canal est si auancé, que l'on peut esperer dans six mois de s'en pouuoir seruir. Et pour finir ce discours par la pensée du mesme Pytagore, qui ne pouuant definir l'essence de Dieu, a appellé ce Souuerain Estre du nom d'harmonie, comme estant vne qualité attachée à tous ses ouurages & à toutes ses productions, il faut aujourd'huy que cette figure se trouue

excellemment en la perfonne de celuy qui en eft l'i-
mage, afin que concourant de voftre part au foin pa-
ternel du Roy, fa Majefté ait toute la gloire de l'entreprife que nous venons de vous propofer, & que cette
Prouince refpondant liberalement & auec refpect aux
femonces que nous luy venons de faire, en tire toute
l'vtilité.